UN SYSTÈME PRATIQUE

D'IMPOT

SUR

LE REVENU

PAR L. B.

« L'impôt est un fardeau : l'un des moyens pour qu'il pèse le moins possible sur chacun, c'est qu'il porte sur tous. »

(J.-B. SAY, *Economie politique.*)

EN VENTE

Chez M. P. CHEVALIER, rue Bernardin-de-St-Pierre, 6, Havre

PRIX : 1 F.

HAVRE

Imprimerie F. SANTALLIER et Cⁱᵉ, boulevard de Strasbourg, 162.

1872

UN SYSTÈME PRATIQUE

D'IMPOT

SUR

LE REVENU

Par L. B.

« L'impôt est un fardeau : l'un des moyens pour qu'il pèse le moins possible sur chacun, c'est qu'il porte sur tous. »

(J.-B. SAY, *Economie politique*.)

Imprimerie F. Santallier et Cᵒ, boulevard de Strasbourg, 162.

AVANT-PROPOS

Dans la situation actuelle de la France, les questions financières s'imposent d'elles-mêmes à notre étude.

Tout citoyen vraiment soucieux des destinées de son pays doit, dans la limite de ses capacités, chercher la solution de ce problème si ardu : l'équilibre de notre budget.

Malgré tous les impôts que vient de voter l'Assemblée, le budget de 1873 accusera un déficit de 110 millions. La création de nouvelles taxes est donc de toute nécessité.

Cette somme indispensable, deux impôts, en ce moment à l'étude, pourraient la produire.

1° L'impôt sur les matières premières que présente le Gouvernement, mais que repousse avec raison l'opinion publique, parce que, certainement, il nuirait à la prospérité commerciale et industrielle. Or, à l'heure présente, nous devons, au contraire, encourager et favoriser autant que possible la production, afin de multiplier nos exportations et faciliter ainsi la rentrée du numéraire que des traités impitoyables nous obligent à livrer à la Prusse.

2° L'impôt sur le Revenu, auquel l'opinion

publique est ouvertement favorable, mais que le Gouvernement croit impraticable.

Sur le principe même de cet impôt, tout le monde est d'accord. Les objections ne surgissent que lorsqu'il s'agit de le mettre en pratique.

On ne pourrait l'asseoir, dit-on, sans astreindre les contribuables à la déclaration de leur revenu et, dès lors, on serait forcé d'établir un contrôle qui, s'exerçant sous des formes inquisitoriales et vexatoires, répugnerait à nos mœurs.

Si donc se présentait un système d'assiette exempt de difficultés et d'inconvénients, rien alors ne devrait plus s'opposer à l'adoption de l'Impôt sur le Revenu, puisque ses adversaires, eux-mêmes, reconnaissant l'excellence de son principe ne lui opposent que l'impossibilité de son application.

Le travail qu'on va lire a donc eu pour objet la mise en pratique, simple, facile, sans arbitraire, sans vexation, sans inquisition, du principe de l'impôt sur le revenu.

Je ne me flatte pas évidemment d'avoir résolu complètement la difficulté.

Si une loi fiscale, grâce à ses ingénieuses dispositions, pouvait atteindre également et proportionnellement tous les revenus de la France, quels qu'ils soient, ce serait la perfection. Mais, on n'arrive pas de prime-abord à la perfection ; je doute même qu'on n'y arrive jamais.

Tout ce qu'on peut espérer, c'est de se rapprocher le plus possible du vrai et du juste.

Telle est la voie que je me suis tracée et dans laquelle de plus capables et de plus autorisés pourront trouver l'application si désirable de l'impôt sur le revenu.

15 *Avril* 1872.

L. B.

DE L'IMPOT SUR LE REVENU OU LES REVENUS

La Constitution de 1791 avait admis en principe, dans ses dispositions fondamentales, que « les » contributions seraient réparties entre tous les » citoyens également en proportion de leurs fa— » cultés. »

Depuis 80 ans, la France attend la mise en pratique de ce principe.

Tout le monde est d'accord pour reconnaître la nécessité de faire contribuer les revenus particuliers aux charges de l'Etat.

Or, qu'est-ce que l'impôt pesant sur tous les citoyens également et proportionnellement à leurs facultés, sinon l'impôt sur le revenu.

Ici la définition ressort de la seule exposition du principe.

Cet impôt ne peut être juste qu'autant qu'il frappe tous les revenus, sans aucune exception et de la même quotité. Autrement, on arriverait à créer des priviléges pour les uns, des charges pour les autres, d'où résulteraient, au point de vue économique, un trouble, une inégalité qui amèneraient la rupture de l'équilibre nécessaire. Puis, si l'on veut rendre cet impôt pratique, il faut qu'il soit le moins lourd possible, et c'est encore en frappant tous les revenus que l'on atteindra ce résultat, et qu'en outre on obtiendra la recette la plus élevée. Enfin cet impôt est le seul qui ne tarisse pas la richesse publique à sa source : sans doute il la diminue, mais il ne la tarit pas, parce qu'il l'atteint dans ses résultats et non dans son principe.

Les ressources que fournirait l'impôt sur le revenu permettraient la suppression ou la diminution de taxes d'importations, d'exportations et de consommations, impôts qui ne font qu'apporter des entraves au développement du travail, arrêter la production, appauvrir les sources fécondes du commerce et de l'industrie.

L'impôt, avons-nous dit, doit frapper tous les revenus, tous, sans même en excepter la rente sur l'Etat.

Mais, c'est ici qu'on rencontre la plus vive opposition. Voyons les principales objections :

« L'impôt sur la rente, dit-on, est un impôt
» sur le capital ; c'est une confiscation, une vraie
» banqueroute. Si nous établissions pareil impôt
» en France, ce serait manquer à tous nos enga-
» gements, porter atteinte à notre crédit et pro-
» voquer l'avilissement ou la ruine des effets
» publics.»

1° Une taxe sur la rente équivaut-elle réelle-ment à un impôt sur le capital ?

Citons à ce propos ce passage de Ricardo :

« L'impôt n'atteint pas nécessairement le capi-
» tal, par cela seul qu'il est assis sur les capitaux,
» ni ne porte sur le revenu, parce qu'il est assis
» sur le revenu. Si l'on me fait payer 100 fr. sur
» un revenu annuel de 1,000 fr., ce sera en effet
» un impôt sur le revenu, si je consens à ne dé-
» penser que les 900 fr. qui me restent, mais ce
» sera un impôt sur le capital, si je continue à
» dépenser 1,000 fr. Le capital duquel je retire
» ce revenu de 1,000 fr. peut valoir 10,000 fr.
» Un impôt de 1 0/0 sur ce capital rapporterait
» 100 fr. Mais mon capital ne serait pas entamé,
» si après avoir payé cet impôt, je me contentais
» de ne dépenser que 900 fr. Le désir que tout
» homme a de maintenir son rang dans le monde
» et de conserver intacte sa fortune, fait que la
» plupart des impôts sont payés par le revenu,
» qu'ils se trouvent d'ailleurs assis sur les capi-
» taux ou sur les·revenus. »

Cette citation répond à la première objection : tout commentaire serait superflu.

2° L'impôt sur la rente serait, dit–on, une véritable confiscation.

Si le propriétaire d'un terrain rapportant 100 fr. de location se voit frappé d'une taxe de 3 fr., pourquoi ne taxerait–on pas pareillement à fr. 3 le possesseur d'un titre de rente de 100 fr.

Pour l'un, la taxe de 3 0/0 dont on frappe son revenu foncier s'appelle impôt, pour l'autre, la retenue de 3 0/0 à opérer sur les arrérages de son titre de rente serait une vraie confiscation. Pourquoi cette différence ? Quelle en est la raison ?

Si la taxe sur la rente équivaut à une confiscation de capital, si l'on voit dans l'établissement de cette taxe une atteinte portée aux engagements de l'Etat, en un mot une vraie banqueroute, pourquoi n'éprouve-t-on pas la même hésitation lorsqu'il s'agit de frapper les valeurs mobilières émises par les départements, villes, compagnies ou sociétés commerciales, industrielles ou civiles. Mais, assujettir ces valeurs à l'impôt, n'est-ce pas aussi une confiscation du capital ou du revenu qu'elles représentent ?

Pourquoi donc ici moins de scrupules ?

Il n'y a pas deux morales différentes.

Si l'on se refuse à mettre sur la rente un impôt qui serait, dit-on, une confiscation, il doit en être de même de tout impôt sur les revenus des compagnies ou sociétés désignées ci-dessus, et, pour être logique, il faut abolir immédiatement tous les droits dont on n'a pas hésité à frapper déjà ces valeurs, droits qui ont porté atteinte aux engagements de ces établissements. (Lois des 5 Juin 1850, 23 Juin 1857, 16 Septembre 1871, 29 Mars 1872).

3° Il n'est pas vrai de dire que l'impôt sur les revenus mobiliers bouleverserait le marché des effets publics.

En atteignant par l'impôt toutes ces valeurs, toutes, sans exception (y compris la rente bien entendu), on évitera cet inconvénient; car, le contribuable ne pourra se soustraire à l'impôt par un déplacement de capital et la situation restera identiquement la même. Les faits, d'ailleurs, viennent à l'appui de notre thèse et nous donnent raison.

La taxe de 40 centimes et plus tard de 60 centimes mise sur la rente italienne a-t-elle déprécié et fait abandonner cette valeur ? Nullement : lors de l'établissement de cette taxe, la rente italienne valait 50 fr., aujourd'hui elle vaut 69 fr. ou 70 fr. C'est que, grâce à cet impôt, l'Italie a pu équilibrer son budget, et que, par suite, son crédit public a augmenté.

L'Angleterre, le pays où l'on comprend le mieux le crédit, où les engagements sont le plus scrupuleusement observés, n'a pas hésité à frapper la rente, et personne n'a songé à discuter sa bonne foi ou son crédit.

Il en serait de même, évidemment, en France, et, à l'exemple des pays voisins, nous conseillons d'adopter un impôt sur le revenu, approprié à nos mœurs, à nos usages et coordonné avec les lois fiscales déjà existantes. Ce serait là une mesure aussi nécessaire qu'équitable.

Il y a trois grandes catégories de Revenus :

1° **Le Revenu Foncier** , produit de la richesse foncière ;

2° **Le Revenu Mobilier**, produit de la richesse mobilière ;

3° **Le Revenu Industriel** , produit de l'Industrie, auquel on peut ajouter le revenu résultant de l'exercice d'une profession libérale, de la gestion d'une charge, d'un emploi quelconque, public ou particulier, et le revenu commercial, en y comprenant les bénéfices de la spéculation.

Nous avons déjà en France un impôt sur ces revenus, mais très imparfait ; ce sont les contributions directes.

La contribution foncière atteint le revenu foncier.

La contribution personnelle et mobilière et celle des portes et fenêtres ont pour but l'imposition du revenu mobilier.

Les patentes, enfin, frappent les revenus industriels et commerciaux.

Mais il faut reconnaître que parmi ces différents

revenus, il y en a qui sont plus ménagés que d'autres. Le revenu foncier par exemple est assez imposé, tandis qu'au contraire, des revenus mobiliers, industriels et commerciaux, les uns ne sont pas taxés (1), les autres sont l'objet d'impôts directs ou indirects très insuffisants.

Perfectionner les impôts que nous avons, en ajoutant à la loi, ou en rectifiant quelques-unes de ses dispositions, chercher à atteindre directement d'une manière plus complète tous les revenus du pays, déterminer la proportion suivant laquelle tous devront être également imposés, telles sont les mesures réformatrices qu'il faut s'efforcer de réaliser.

CHAPITRE Ier

Revenu Foncier

La contribution foncière est ce que nous avons de mieux dans notre système fiscal.

La loi du 3 Frimaire an VII basée sur le prin-

---

(1) La preuve en serait bien facile ; mais, sans entrer dans l'énumération des revenus non imposés, je citerai, comme exem.ple, tel directeur général d'une Compagnie d'assurances, à Paris, qui touche annuellement un traitement de..... 35,000 Fr.
Une part bénéficiaire de........... 72,000 »

Total...... 107,000 Fr.

Quel est l'impôt que prélève l'Etat sur ce revenu ? — *Néant.* — Le même revenu en bien-fonds est passible d'un impôt foncier de 10,000 fr. — Pourquoi cette inégalité, cet inique privilége ?

cipe de l'égalité proportionnelle, nette et précise dans toutes ses parties, les règlements sur le cadastre mûrement médités, prévoyant tous les détails, prescrivant toutes les précautions utiles, rien de cette partie de notre législation n'a vieilli ; il n'y a rien à y modifier.

La loi avait établi que le cadastre des propriétés non bâties serait révisé tous les 30 ans ; celui des propriétés bâties, tous les 10 ans. Cette sage disposition n'a pas été observée : il faudrait y remédier.

Presque partout, les cadastres actuels datent de 50 à 60 ans. Pendant une aussi longue période, la valeur des terrains a changé sensiblement; les conditions d'accès, de fertilité se sont modifiées; des landes incultes sont devenues de bonnes terres; la création des chemins de fer, des canaux, facilitant le transport et la vente des produits, enfin les cultures industrielles (betterave, houblons, tabac garance) ont décuplé, en certains départements, la valeur et le rendement des terres.

On objectera les frais énormes qu'occasionnerait un nouveau cadastre. Mais on peut parfaitement, sans renouveler les plans, refaire les expertises sur les anciens plans et rectifier les matrices cadastrales, en annotant, en regard des contenances, de nouveaux revenus.

Il ne faut pas professer pour la parfaite régularité de la forme un respect exagéré ; l'essentiel, c'est que l'impôt foncier soit réparti plus équitablement. Puisque la France ne peut pas faire les frais d'un nouveau cadastre, renouveler ses matrices et ses atlas cadastraux, ce qui couterait très-cher, en effet, qu'elle réalise, en attendant, le progrès le plus important, la révision des évaluations, œuvre qui ne coûterait presque rien, puisqu'elle serait exécutée par des classificateurs prêtant leur concours gratuitement, et par des agents de l'administration indemnisés seulement de leurs frais de déplacement.

Il faut, l'équité le réclame, qu'un travail général d'évaluation vienne embrasser tous les revenus fonciers, les mettre au grand jour, et rétablir l'égalité proportionnelle entre tous les contribuables.

Les difficultés que présente toujours une opération aussi délicate que celle de l'évaluation du revenu territorial, vont se trouver aplanies par la loi du 23 août 1871. Aux termes de l'article 11, toutes les locations, de quelque nature qu'elles soient, notariées, sous seing privé, ou verbales, doivent être soumises aux droits d'enregistrement. La masse des baux enregistrés en conformité de cette loi et les actes de ventes accumulés des dix dernières années vont mettre, à la disposition des agents de l'administration et des commissaires classificateurs, des documents authentiques et certains, qui permettront de déterminer avec la plus grande précision les revenus fonciers de tout notre territoire.

En rétablissant immédiatement la proportionnalité des évaluations, et en la maintenant dans l'avenir par des révisions périodiques, on réaliserait, sous le nom d'impôt foncier, un véritable impôt sur les revenus de la terre.

On n'aurait plus qu'à voter annuellement, suivant les besoins du moment, et pour l'équilibre du budget, le quantum de l'impôt à demander à la richesse foncière, en d'autres termes, la portion du revenu foncier dont le propriétaire aurait à faire l'abandon à l'Etat, pour subvenir aux charges publiques.

Ce quantum constitue la proportion de l'impôt avec le revenu ou les revenus, puisque nous avons admis en principe que tous les revenus doivent être cotisés également et proportionnellement. Cette proportion votée annuellement devrait être la même pour tous les impôts directs, c'est-à-dire tous ceux qui s'adressent directement aux revenus.

Notre contribution foncière est si mal répartie actuellement que la proportion de l'impôt avec le revenu varie, entre les départements, du huitième au trentième. Une pareille inégalité choque toutes les notions de justice, et ce sera un des bienfaits d'une nouvelle évaluation territoriale de faire disparaître une iniqüité aussi flagrante. Alors, tous les contribuables seront imposés également et proportionnellement à leur revenu foncier, d'une extrémité de la France à l'autre.

Il est assez difficile, avec les données plus ou moins exactes que possède l'administration, de déterminer quel peut-être actuellement le revenu foncier de la France. Les uns l'estiment à 3 milliards 215 millions, d'autres à 3 milliards 750 millions. Admettons en chiffres ronds 3 milliards 200 millions.

L'impôt foncier produit à l'Etat 172 millions; c'est donc un peu plus de 5 0/0 de son revenu foncier que tout propriétaire doit payer au Trésor, indépendamment des charges locales qui lui incombent.

CHAPITRE II

Revenu Mobilier

SECTION Ire

Contribution des Portes et Fenêtres

Nous venons de parler de l'impôt foncier, d'une loi logique, française par son esprit de netteté, portant le sceau d'une époque de grands et consciencieux travaux.

Nous allons entrer dans l'examen d'une législation inférieure, dont le seul mérite est d'être consacré par l'usage.

L'impôt des portes et fenêtres est destiné à atteindre la richesse mobilière ; ce qui le prouve, c'est que la loi en fait une charge du locataire, à moins de stipulations contraires.

Il est évident en effet que l'impôt des portes et fenêtres, considéré comme grevant la richesse foncière, n'aurait pas sa raison d'être. Une maison ne doit pas plus au prorata de son revenu qu'une terre. Ce revenu, la loi foncière l'atteint par l'évaluation cadastrale ; il n'y a rien de plus à demander au propriétaire, et, si la contribution des portes et fenêtres prétendait être un supplément à l'impôt foncier, il faudrait la supprimer, car elle constituerait un double emploi flagrant.

La contribution des portes et fenêtres est donc un impôt sur le revenu mobilier, et se propose d'atteindre l'aisance mobilière, manifestée par le nombre des ouvertures de l'habitation.

Mais que de justes critiques cet impôt ne mérite-t-il pas ?

1° D'abord, il est brutal et ne respecte pas la proportionnalité : car, il frappe uniformément la maison du pauvre et celle du riche. C'est de lui qu'on peut dire :

> *Æquo pulsat pede pauperum tabernas,*
> *Regumque turres.*

Qu'on n'allègue pas les catégories que la loi a établies, grosso modo (maison à une, deux, trois, quatre et cinq ouvertures); elles sont bien loin de suffire pour atteindre proportionnellement les degrés si nombreux du confortable des habitations. Dans la même ville, la lucarne de la masure, située dans une rue infecte et excentrique, privée d'air et de lumière, est cotée à l'égal de la fenêtre sculptée de l'opulent hôtel des quartiers aristocratiques.

2° Cet impôt ne remplit qu'imparfaitement le seul but qu'il puisse logiquement être appelé à remplir, l'imposition de la fortune mobilière.

On ne peut admettre, en effet, que le nombre des ouvertures de l'habitation soit la mesure exacte de cette fortune.

Voyons d'ailleurs ce qu'est devenue la loi primitive, et constatons comment le fisc, par une fausse interprétation, l'a fait dévier de son principe essentiel :

« Ne sont pas soumises à la contribution les portes
« et fenêtres servant à éclairer ou aérer les
« granges, bergeries, greniers, caves et *autres*
« *locaux non destinés à l'habitation des hommes,*
« dit la loi du 4 Frimaire, an VII. »

« Ne sont pas imposables les ouvertures des
« manufactures » dit la loi du 4 Germinal, an XI.

D'après cela, il est clair que la contribution des portes et fenêtres ne doit s'appliquer qu'au logement proprement dit de chaque citoyen, aux locaux où il a son ménage, sa famille, son chez lui, en un mot.

Le fisc, cependant, en a décidé autrement. Profitant d'un défaut de précision dans les termes de la loi, il est arrivé à faire de l'impôt des portes et fenêtres, tout autre chose que ce qu'il doit être. On a considéré comme imposables les locaux affectés au commerce ou à l'industrie. L'artisan a vu taxer son atelier, l'industriel, son usine, sous prétexte que ce sont des locaux habitables.

Quant à la loi de Germinal, an XI, on l'a tournée par un curieux *distinguendum*. La loi exempte bien les manufactures, a dit le fisc, mais elle n'exempte pas les usines, et tout ce qu'elle n'exempte pas est imposable. De cette habile distinction est née la plus versatile des jurisprudences. Telle usine paie l'impôt, telle autre où s'exerce identiquement la même industrie ne le paie pas, suivant qu'on veut bien la considérer comme usine ou comme manufacture.

On doit même savoir gré au fisc de trouver encore aujourd'hui des manufactures. En effet, depuis l'époque de la loi, l'emploi du travail à main d'homme a bien diminué. L'eau, la vapeur, l'électricité sont venues faire, à l'aide d'ingénieuses machines, ce que faisait autrefois la main de l'homme. Aujourd'hui il n'y a plus à proprement parler de manufactures : il n'y a que des usines.

Une usine, une manufacture, un atelier, un magasin, un bureau de commerçant, une étude de notaire ou d'avoué ne doivent pas la contribution des portes et fenêtres, parce que ce ne sont pas des locaux consacrés à l'habitation. L'impôt des portes et fenêtres doit s'arrêter au seuil du lieu où l'on travaille ; il ne doit porter que sur le chez soi de chacun, où le contribuable concentre la somme de confort et de luxe que ses facultés lui permettent.

La contribution des portes et fenêtres est un système barbare, dosant au contribuable l'air et la lumière, ces deux grands éléments indispensables à la vie et à la santé ; en outre, elle ne remplit pas le but qu'elle se proposait dans le principe, celui d'atteindre l'aisance mobilière : car, il est de toute évidence que le nombre des ouvertures d'une habitation ne donne pas la mesure de la richesse de celui qui l'occupe. Donc, pas plus qu'une taxe sur les cheminées, cet impôt n'a sa raison d'être.

A notre avis, cette contribution doit disparaître de notre système fiscal. Les besoins pressants qui nous assiégent sont la seule raison qui puisse la faire maintenir. Toutefois, en attendant sa suppression, et pour revenir aux vrais principes qui ont présidé à son établissement, on pourrait apporter certains tempéraments dans son assiette.

Le principal mérite de cet impôt, c'est qu'il est entré dans nos usages, et qu'il se paie sans difficultés et presque sans réclamations.

SECTION IIme

Contribution Personnelle et Mobilière.

La contribution personnelle et mobilière comprend une cote personnelle et une cote mobilière.

Pourquoi cette complication inutile ? Il serait plus simple de supprimer la cote personnelle et de ne laisser que la cote mobilière, sans diminuer le produit de l'impôt.

Cette contribution a pour but d'atteindre le revenu mobilier, celui-ci étant supposé proportionnel à l'importance de l'habitation du contribuable.

Elle est établie d'après le loyer possible du logement proprement dit de chacun; du moins il faudrait dire : elle doit être établie.... car, dans la moitié au moins des communes de France, les répartiteurs fixent arbitrairement la contribution mobilière, d'après de tout autres bases que celles qu'a désignées la loi. Ici, ils proportionnent l'impôt à l'importance de la propriété immobilière des habitants et en font ainsi une deuxième contribution foncière, en double emploi avec la première. Là, ils prennent pour base la valeur du matériel agricole, ou l'étendue de l'exploitation rurale, ou encore, les facultés présumées.

L'administration des contributions directes insiste en vain auprès des conseils de répartition, qui maintiennent ces illégalités avec un entêtement souvent intéressé. L'ignorance des imposés aidant, ces abus se sont profondément enracinés, et plus d'un répartiteur, dans nos campagnes, est sincèrement convaincu qu'il a le droit de baser l'impôt mobilier comme il l'entend, et tranche dans l'arbitraire avec une parfaite bonne foi. Une jurisprudence assez embrouillée a même consacré, par quelques arrêts, certaines de ces pratiques. On ne voulait pas mécontenter les répartiteurs villageois, et voyant que les intéressés ne se plaignaient que rarement, on a toléré ces illégalités. C'est un tort grave. Le Gouvernement doit protéger l'ignorance du contribuable illettré ; il ne suffit pas qu'un impôt rentre pour être bon : il faut qu'il soit légalement assis.

L'importance de l'habitation proprement dite, les soins apportés à sa construction, sa situation, la valeur locative qui résulte de l'ensemble de ces conditions, c'est là, il faut le reconnaître, un indice plus certain, une expression plus exacte de l'aisance de l'occupant que le nombre des ouvertures. Mais cette valeur locative ne doit pas comprendre exclusivement les locaux consacrés à l'habitation ; elle doit encore tenir compte de toutes leurs dépendances, serres, jardins, parcs, chapelles, pavillons, salles de bains, buanderies, écuries, remises. Ce sont là autant d'éléments de confort et dès lors, de signes évidents de richesse.

L'impôt mobilier doit donc prendre pour base la valeur de tous ces coûteux détails, de toutes ces dépendances d'agrément, sous peine de manquer son but et de cesser d'être équitable.

C'est aux agents de l'administration des contributions directes qu'il appartient de fixer, de concert avec les répartiteurs, les valeurs locatives d'habitation. Mais, pour rentrer dans la voie légale et arriver à l'application rigoureuse et uniforme de la loi du 21 Avril 1832, il faudrait, dans toutes les communes, comme cela a lieu dans la plupart des grandes villes, procéder annuellement à un recensement général, au moyen de bulletins par maison.

Le travail d'assiette des deux contributions mobilière et patente aurait lieu simultanément. Les baux déclarés à l'enregistrement seraient mentionnés sur chacun de ces bulletins, et l'administration trouverait dans ce procédé un moyen de contrôle aussi simple que facile pour l'exécution de l'article 11 de la loi du 23 Août 1871.

Que l'on n'objecte pas les difficultés d'exécution

d'un pareil travail. Quand on le voudra sérieusement, l'opération sera possible ; il nous serait facile de le prouver, mais ce serait nous écarter de notre sujet.

Pour l'appréciation des valeurs locatives, les déclarations de baux prescrites par la loi, et les nouvelles évaluations cadastrales à entreprendre, comme nous l'avons dit dans le chapitre qui précède, fourniront des données certaines et proportionnelles. On arriverait alors à déterminer exactement la masse des loyers imposables, et par suite, il serait facile de faire une nouvelle répartition plus équitable de l'impôt mobilier entre les départements et les communes.

La contribution mobilière ainsi maintenue n'aurait plus, comme elle l'a dans le système actuel, la prétention mal fondée d'atteindre l'ensemble de la richesse mobilière. Elle aurait plus spécialement pour objet cette portion de la fortune mobilière, qui comprend les meubles et objets mobiliers de toute nature que chaque citoyen possède pour son usage, son agrément ou celui de sa famille. Loin de nous la pensée d'évaluer le mobilier de chacun ; cette mesure inquisitoriale est irréalisable. On continuerait à prendre pour base la valeur locative de l'habitation, qui est toujours à peu près proportionnelle à la valeur du mobilier qui la garnit.

SECTION IIIme

Taxes somptuaires sur les domestiques, chevaux, mulets, voitures et chiens.

La valeur locative servant de base à la contribution mobilière exprime, grosso modo, l'aisance de l'occupant, son aisance en général, mais non son aisance en particulier. Pour atteindre cette dernière et comme complément de la contribution mobilière, nous devons frapper de taxes spéciales, qui seront d'un recouvrement sûr et facile, des indices certains de richesse, savoir : les domestiques, chevaux, mulets, voitures et chiens.

§ 1. — TAXE SUR LES DOMESTIQUES.

Cette taxe n'est pas nouvelle ; elle a figuré autrefois au nombre de nos ressources budgétaires. Elle n'a rien d'injuste dans son principe ; loin de là, elle s'impose d'elle-même au nom de l'équité.

En effet, dans la répartition de la contribution mobilière, maintes fois, nous avons vu des répartiteurs regretter sincèrement les exemptions, que les décisions ministérielles et la jurisprudence du Conseil d'Etat prononcent en faveur des domestiques nourris et logés chez leurs maîtres. Dans la grande majorité des communes, le contre-maître, le mécanicien, l'employé, dont le salaire s'élève à 1,200 fr. ou 1,500 fr. par an, sont impitoyablement imposés à la contribution personnelle et mobilière, ce qui constitue une charge assez lourde, **alors** surtout que, chefs de famille, ils ont quatre ou cinq enfants à élever. A côté d'eux, le valet de chambre, le cocher, le cuisinier, jouissant pareillement d'un salaire de 800 à 1,500 fr., logés et nourris en outre chez leurs maîtres, sont exempts de tout impôt.

Si l'on fait une exception en faveur de ces individus, il est juste que la portion d'impôt qui devrait leur incomber soit acquittée par les maîtres qui utilisent leurs services et leur travail.

En présence des exigences de notre situation financière, et dans un esprit de justice, nous affirmons qu'une taxe sur les domestiques serait bien accueillie par l'opinion publique et fournirait un chiffre de recettes fort respectable.

Ce nouvel impôt frapperait indistinctement les domestiques de l'un et de l'autre sexe attachés au service de la personne ou du ménage. Il n'y aurait d'exception que pour les domestiques employés *exclusivement* aux exploitations agricoles et commerciales (cafés, auberges, etc.). Parmi ces derniers, ceux qui seraient consacrés simultanément au service de la personne ou du ménage et au service de l'exploitation agricole ou commerciale, ne seraient assujettis qu'au demi-droit.

La taxe serait uniforme dans toutes les communes :

1° Pour une domestique du sexe féminin.   5 fr.

2° Pour chaque domestique du même
sexe en sus (femme de chambre, gou-
vernante) .... 10 fr.

3° Pour tout domestique mâle (valet de
chambre, cocher, cuisinier, etc.) .... 20 fr.

Les contribuables auraient à faire la déclaration
des domestiques à raison desquels ils seraient imposables, et les taxes seraient doublées, à défaut de
déclarations ou en cas de déclarations inexactes.

§ 2. — TAXES SUR LES CHEVAUX ET VOITURES.

Encore une taxe reprise dans l'arsenal de nos
anciennes lois financières.

C'est la loi du 2 juillet 1862 qui réglemente
actuellement cet impôt.

Telle qu'elle est, cette loi est si imparfaite que
l'exécution en est impraticable, et qu'elle produit
à peine la moitié de ce qu'on pourrait en retirer.

La difficulté principale qui se présente dans
l'assiette de cette taxe, c'est de reconnaître le caractère imposable d'une voiture.

Avec les termes si peu précis de la loi, l'interprétation arbitraire que permet son texte et la
jurisprudence fantasque du Conseil d'Etat, il y a
bien peu de voitures qui soient imposables. Dès

lors que l'on admet en principe que la possession
d'un cheval et d'une voiture est un signe mani-
feste d'aisance et puisqu'en les frappant l'un et
l'autre d'un impôt, on a voulu créer pour le
Trésor une ressource sérieuse, les restrictions
ambiguës de la loi sont inexplicables.

Pourquoi n'imposer que les voitures attelées ?
Pourquoi le possesseur d'un ou deux chevaux et
de quatre à cinq voitures (coupés, breaks, landaus,
américaines), n'est-il imposable que pour une
seule voiture ? Mais, la possession de quatre à cinq
voitures n'est-elle pas une manifestation de la
richesse ! Et celui qui se donne ce luxe ne doit-il
pas être atteint par une taxe quatre ou cinq fois
plus forte que celle que supporte le possesseur
d'une seule voiture ? Cela est de toute justice,
et la loi actuelle, avec ses restrictions, n'a fait
que constituer un privilége de plus en faveur
de la richesse, comparable, dans la loi des patentes, à celui du maximum, dont heureusement
on vient de voter la suppression.

Il faut donc réviser la loi du 2 juillet 1862; cette
loi devrait être modifiée et rendue pratique par
quelques changements bien simples dans le texte
de ses articles 4 et 6, qui pourraient être ainsi
conçus :

« ARTICLE 4. — Sont imposables toutes les voitures *suspendues ou montées sur ressorts, attelées
ou non attelées,* tous les chevaux et *mulets* de

selle ou de trait affectés habituellement au service personnel ou au service de la famille.

» ARTICLE 6. — Les voitures, les chevaux *et les mulets* qui seront employés en partie pour le service du propriétaire ou de la famille, et en partie pour le service de l'agriculture ou d'une profession *nécessitant l'usage d'un cheval, mulet ou voiture, ne seront passibles que de la moitié de la taxe.*

Dans ce dernier cas, afin d'éviter tout abus, la réduction au demi-droit ne pourrait jamais, pour un même contribuable, s'étendre à plus d'une voiture et à plus de deux chevaux.

Avec ces quelques changements dans le texte de la loi, disparaîtrait toute difficulté ; en outre, on arriverait certainement à faire produire à cet impôt huit à dix millions.

§ 3. — TAXE SUR LES CHIENS.

Une loi du 2 mai 1855 a établi, au profit des communes, une taxe sur les chiens ; un décret impérial du 4 août 1855 a réglementé l'exécution de cette loi.

L'article 1er dudit décret détermine deux catégories de chiens imposables.

1° Les chiens d'agrément ou servant à la chasse.

2° Les chiens de garde, comprenant ceux qui servent à guider les aveugles, à garder les troupeaux, les habitations, magasins, ateliers, et, en général, tous ceux qui ne sont pas compris dans la catégorie précédente.

Les chiens qui peuvent être classés dans la première ou la deuxième catégorie sont rangés dans celle dont la taxe est la plus élevée.

Les termes de cet article et la jurisprudence du Conseil d'Etat sont suffisamment explicites, et il ne peut y avoir de difficultés à déterminer la catégorie dans laquelle doit être rangé tel ou tel chien.

Cependant, il faut convenir que l'assiette de cette taxe, abandonnée à l'arbitraire des Conseils de répartition, laisse infiniment à désirer et manque d'uniformité. Si l'on en croyait les données fournies par les rôles, les trois quarts des chiens en France seraient tous chiens de garde ou chiens d'aveugles.

Pour assurer l'exécution uniforme de la loi et en faire un élément de recettes, il faudrait attribuer le produit de cet impôt à l'Etat.

La taxe serait :

1° Pour les chiens de première catégorie, dans les communes au-dessus de 20,000 âmes, fr. 20.

Dans toutes les autres communes, de fr. 15.

2° Pour les chiens de la deuxième catégorie, dans les communes au-dessus de 20,000 âmes, fr. 8.

Dans toutes les autres communes, fr. 4.

Seraient exempts les chiens d'aveugles et les chiens de bergers.

Afin d'indemniser les communes de la perte du revenu que leur procure cette taxe, il leur serait attribué le dixième ou le cinquième du produit des taxes somptuaires (domestiques, chevaux, voitures et chiens).

Sous le titre générique de taxes somptuaires, un seul rôle comprendrait ces trois taxes.

Dans notre pensée, elles devront produire à l'Etat un revenu de plus de vingt millions, sans qu'il en résulte aucun frais, aucune dépense nouvelle.

SECTION IVme

Impôts sur les valeurs mobilières.

Tout d'abord, nous ferons une distinction entre les valeurs mobilières, savoir :

1° Les valeurs mobilières ostensibles qui se manifestent d'elles-mêmes et peuvent être facilement frappées par l'impôt, sans aucune déclaration préalable.

2° Les valeurs mobilières inostensibles, qui ne peuvent être révélées que par une déclaration du contribuable ou une constatation administrative.

§ 1. — VALEURS MOBILIÈRES OSTENSIBLES.

Dans cette catégorie, nous rangeons les revenus suivants, susceptibles d'être facilement taxés :

1° Les revenus mobiliers représentés par des titres de rentes, actions, obligations, emprunts et autres valeurs nominatives ou au porteur, émis par l'Etat, les départements, les communes, les établissements publics, sociétés, compagnies ou entreprises financières, commerciales, industrielles ou civiles.

La taxe annuelle serait fixée à 3 0/0.

2° Les intérêts, produits et bénéfices annuels des fonds et valeurs apportés à titre de commandite dans les sociétés et entreprises dont le capital n'est pas divisé en actions.

La taxe serait assise annuellement, d'après les produits de l'année précédente, à raison de 3 à 5 0, 0 du montant du revenu de ces commandites.

3° Les traitements fixes, pensions, salaires et profits de toute nature à la charge de l'Etat, des départements, des villes, des sociétés ou compagnies précitées, dont le montant annuel serait supérieur à 1,500 fr.

Ici, la taxe ne serait que de 2 0/0, à raison du caractère particulier de ce revenu, qui est le résultat du travail individuel.

Pour toutes les valeurs payables dans les caisses publiques, la perception s'opèrerait sous forme de retenue, sur les sommes à payer pour rentes, intérêts, traitements, salaires, profits, dividendes, etc. Mention de l'acquit de la taxe serait faite sur chaque titre.

Pour toutes les autres valeurs dénommées ci-dessus, la perception serait confiée à ceux qui sont chargés de leur paiement, et le produit en serait versé entre les mains des receveurs de l'Enregistrement. Les quittances des dividendes, bénéfices, parts d'intérêts, traitements, etc., seraient tirées d'un registre à souche coté et paraphé par premier et dernier, et énonceraient distinctement la somme à payer et la taxe perçue conformément à la loi.

Le dépositaire du registre serait tenu de le communiquer, avec le compte-rendu annuel, aux agents du Trésor, selon le mode prescrit par la loi du 2 Frimaire an VII et sous les peines y énoncées.

Nul ne pourrait négocier, vendre, donner ou énoncer dans des actes de société, prêt, dépôt, nantissement et tout autre acte, authentique ou sous seing privé, des titres ou valeurs qui n'auraient pas acquitté la nouvelle taxe, sous peine d'une amende de 50 francs, indépendamment des droits dus qui seraient doublés, toutes les parties demeurant solidairement responsables du paiement.

Dans toute succession, inventaire, liquidation, partage, faillite, mention détaillée serait faite de toutes les valeurs mobilières, et les agents de l'administration s'assureraient que les taxes prescrites par la loi ont été acquittées.

4° Enfin, les intérêts, arrérages, revenus annuels, etc., etc., provenant de valeurs étrangères payées par les Etats, Gouvernements, sociétés, compagnies, entreprises, corporations, villes, provinces étrangères, ou par tout autre établissement étranger, seraient soumis aux mêmes droits et aux mêmes formalités pour l'acquit de ces droits que les valeurs françaises.

Les titres, quels qu'ils soient, de toutes ces valeurs ne pourraient être cotés, publiés, ou annoncés en France qu'autant que les Etats, sociétés, établissements, etc., situés à l'étranger, acquitteraient les nouvelles taxes, et, à cet effet, ils auraient à faire agréer un représentant français domicilié en France, qui serait astreint aux mêmes formalités mentionnées plus haut et passible des mêmes peines.

§ 2. — VALEURS MOBILIÈRES INOSTENSIBLES

Sous cette dénomination, nous avons dit que nous rangerions les valeurs mobilières qui ne peuvent être connues que par la déclaration des parties, savoir :

1° Les créances chirographaires.

La taxe annuelle serait de 3 0/0.

2° Les traitements, salaires, remises, bonifications annuels résultant d'un emploi particulier quelconque et supérieurs à 1,500 fr.

La taxe, comme pour les revenus de même nature déjà cités, ne serait que de 2 0/0. Mais, ici, une double déclaration serait exigée, celle du maître ou patron, c'est-à-dire de la partie payante et celle du salarié, employé, en un mot de la partie payée. A défaut de déclaration ou en cas de fausse déclaration, les deux parties demeureraient solidaires pour le paiement des doubles droits et de l'amende.

Les individus imposables conformément à cette disposition seraient compris dans le rôle annuel des patentes.

3° Enfin, les revenus industriels et commerciaux produits de l'industrie et du commerce privés, qui feront tout à l'heure, à raison de leur importance, l'objet d'un chapitre particulier.

Pour tous les revenus de cette catégorie, nous exigeons des déclarations, mais confiants dans la bonne foi des contribuables, nous nous en contenterons, sans recourir à des inquisitions vexatoires que réprouvent nos mœurs et notre caractère indépendant. Ce n'est qu'au moment où un acte public interviendra que l'administration exercera son contrôle. Ainsi, dans toutes contestations en justice, expertises, faillites, inventaires, successions, liquidations, partages, qui nécessitent la production des livres ou établissent le bilan du contribuable, les agents de l'enregistrement auront à vérifier l'exactitude des déclarations et à assurer le recouvrement des taxes prescrites par la loi, qui seraient doublées en cas de non déclarations, indépendamment de l'amende de 50 Fr.

CHAPITRE III

Revenus commerciaux et Industriels
Contribution des Patentes

La contribution des patentes a pour but d'atteindre les revenus commerciaux et industriels, auxquels on peut ajouter les revenus résultant de la gestion d'une charge (notaire, avoué, etc.) et les bénéfices de la spéculation.

Nulle législation n'est sujette à plus de variations que celle des patentes ; c'est que, pour être toujours en harmonie avec l'état des choses, elle doit s'ingénier à atteindre les revenus de l'Industrie dans ses manifestations si diverses, si multiples, grâce aux progrès incessants de la science.

Malgré les modifications introduites presque chaque année dans cette législation, tout le monde est d'accord pour en reconnaître l'insuffisance. Il y a, en effet, bien des critiques à élever contre les droits fixes de certaines professions, le droit proportionnel destiné à corriger le droit fixe, les différents taux de ce droit, et enfin, contre la base de ce droit, la valeur locative, dont la détermination donne lieu à tant de difficultés et de contestations.

Nous n'entrerons pas dans l'examen des nombreuses imperfections de la loi. Le système que nous allons exposer en fait table rase. Car, nous ne conserverons de toute la législation actuelle que les principes, les règlements et les tarifs s'appliquant aux patentables des quatre dernières classes du tableau A, aux marchands forains avec balle ou bête de somme, et à quelques autres professions, commerces ou industries du tableau C tout à fait infimes. Tous ces patentés, avouons-le, sont suffisamment imposés. Les droits qui les atteignent produisent tout ce qu'ils peuvent donner.

La plupart d'entre eux ne tiennent pas de livres, ce qui rend tout contrôle impossible; enfin, ils constituent la partie la moins favorisée des patentables, ceux dont le gain est le plus modeste et le plus péniblement acquis et que, dès lors, nous devons encourager dans leurs efforts de travail. Toutefois, il y aurait une révision à opérer dans les tarifs; un certain nombre de professions rangées dans les 6e et 5e classes pourrait être placé dans les classes supérieures, d'autres de 4e classe devraient être descendues à la 5e.

En ce qui concerne les patentés susceptibles d'être placés dans les quatre premières classes du tableau A, et les négociants et industriels des tableaux B et C, il serait plus juste et plus rationnél, à notre avis, de prendre pour base de leur patente le véritable instrument de production, le capital.

Pour eux, la taxe basée sur le capital serait moins arbitraire, moins inquisitoriale, qu'un impôt basé sur le revenu industriel ou commercial.

En effet, le revenu est variable, incertain, et dans tous les cas, facile à dissimuler ou à contester. En outre, dans le commerce ou l'industrie, le revenu, avec un même capital, peut varier suivant les individus, parce qu'il ne dépend pas seulement de l'épargne ou du capital lui-même, mais encore des qualités personnelles de l'exploitant, de son activité, de son intelligence, de son esprit d'ordre, de sa moralité. Ce sont là des qualités qui ne peuvent pas tomber sous le coup de l'impôt, ce qui arriverait évidemment en prenant pour base les bénéfices.

D'un autre côté, l'estimation et le contrôle des produits ou revenus d'un commerce ou d'une industrie sont choses bien difficiles et bien délicates. L'appréciation et la vérification ne peuvent se faire que par la comparaison des éléments nombreux et divers qui composent la balance d'une maison de commerce. Dans cette balance entre une foule d'articles qui sont de nature à être estimés d'une façon plus ou moins arbitraire.

Le capital, au contraire, est fixe, plus exactement

appréciable; il exige seulement la constatation d'un chiffre que présente annuellement le Livre Inventaire. Le contribuable n'a pas à déclarer le secret de sa fortune personnelle, ni celui de ses bénéfices annuels ; il n'a qu'à déclarer son capital ou fonds de roulement, en d'autres termes, son actif commercial ou industriel.

Enfin, il a tout intérêt à être immatriculé à la cote de ce capital. Il est à croire qu'il en fera la déclaration sincère et, même, qu'il aura une tendance à la faire plutôt au-dessus qu'au-dessous de la vérité, afin de s'en faire une réclame commerciale et une recommandation auprès de sa clientèle.

La quotité de la taxe serait de 40 ou 50 centimes 0/0 du capital.

Des abonnements pourraient être consentis avec les contribuables pour une période ne dépassant pas trois années.

En ce qui concerne les commerçants et industriels associés en nom collectif, leur capital social se trouve énoncé dans l'acte même de société, et dès lors, l'assiette de la taxe serait aussi sûre que facile.

Il en serait de même pour les notaires, avoués, greffiers, huissiers, etc. ; le prix des offices servirait de base à l'impôt.

On trouverait également d'utiles indications et de précieux renseignements dans les ventes de fonds de commerce ou de clientèles enregistrées, en conformité de l'article 7 de la loi du 28 février 1872.

Mais, il existe toute une catégorie d'industriels ou commerçants, qui, pour exercer leurs professions, n'ont besoin d'aucun capital et n'en réalisent pas moins des bénéfices importants, passibles de l'impôt. Nous voulons parler des nombreux représentants de commerce, commissionnaires, experts, courtiers, fermiers d'abattoirs, ponts, halles et marchés, syndics de faillites, agents d'affaires, médecins, avocats, etc., etc. (Il y aurait toute une nomenclature à faire, en révisant les tarifs.)

Nous revenons à l'égard de ces patentables, au principe de l'impôt direct sur le revenu. Car, ici, la constatation du revenu ne présente pas de difficultés, ne peut engendrer de contestations et n'a aucun des inconvénients dont nous avons parlé plus haut.

La taxe serait assise (comme pour les traitements et salaires) à raison de 2 0/0 sur le chiffre déclaré des commissions, remises, émoluments, bonifications, etc., lequel, au besoin, serait justifié par la tenue d'un livre spécial dont la loi imposerait l'obligation.

Toutes les déclarations nécessaires, d'après l'exposé qui vient d'être fait, devraient être remises, par écrit, avant le 31 Octobre de chaque année, dans les bureaux de l'Enregistrement. A l'expiration de cette date, elles seraient enliassées par

commune et transmises aux contrôleurs des contributions directes, qui, après les avoir utilisées
pour la rédaction des matrices de patente, les
renverraient aux Receveurs de l'Enregistrement.
Elles resteraient alors déposées dans les bureaux
de ces agents pour être vérifiées ultérieurement,
au moment opportun.

Un impôt des patentes ainsi conçu serait d'une
application très facile. Les réclamations, les expertises, les pourvois, toutes les démarches inter-
minables dont les patentables, avec la loi actuelle,
subissent fréquemment la nécessité, seraient pour
toujours évitées.

Ainsi disparaîtraient toutes les difficultés, toutes
les contestations, tous les mécontentements que
soulèvent, dans l'application de la loi en vigueur,
le recensement des métiers et ouvriers dissé-
minés, le jaugeage des cuves et chaudières, le
cubage des fosses et fours, le chômage des cours-
d'eau, la fixation des valeurs locatives (celles des
usines et manufactures en particulier, si diverse-
ment et si inégalement évaluées, à défaut de baux)
et enfin, l'estimation des moteurs, des machines et
de l'outillage industriel.

Il nous resterait maintenant, pour donner
crédit à notre système, à indiquer quel en serait
le rendement.

Malheureusement les documents nous manquent,
mais l'administration supérieure a dans les mains

presque tous les éléments qui sont nécessaires à cette opération : rentes sur l'Etat, actions, obligations, emprunts des départements, communes, établissements publics, sociétés ou compagnies, traitements, pensions, etc., etc.

En résumé, nous sommes intimement persuadés que l'adoption des réformes, dont nous venons de donner un projet sommaire, réformes basées sur un principe incontestable, *la proportionnalité*, donnerait les 100 millions qui manquent à l'équilibre de notre budget, en même temps qu'elle assurerait la répartition plus équitable des charges publiques.

On exempterait de l'impôt, ou l'on ménagerait dans la répartition l'ouvrier, le journalier, l'employé et tous les petits contribuables, dont l'existence devient de jour en jour plus précaire avec le *statu quo* des salaires et l'augmentation successive des objets de première nécessité et de consommation (allumettes, café, sucre, tabac, boissons, etc.) (1).

---

(1) J'ai pour voisin un ouvrier forgeron, marié, ayant deux enfants de 8 et 12 ans. C'est un brave et digne père de famille, travaillant courageusement tous les jours de la semaine, pour subvenir à ses besoins et à ceux de son ménage. Le salaire de cet homme est de 3 fr. par jour, soit par an, pour 300 jours de travail, 900 fr. — Veut-on savoir ce que les aggravations d'impôts récemment votés vont retrancher de son maigre salaire :

1° Tabac....	10 hect.	par mois	5 —	Fr. au lieu de	3 —	Fr.	24 —	par an.
2° Chicorée	5 »	»	0 50	»	0 30	»	2 40	»
3° Café....…	5 »	»	2 20	»	1 80	»	4 80	»
4° Sucre ……	1 kil.	»	2 —	»	1 50	»	6 —	»
5° Allumettes	2 boîtes	»	0 45	»	0 15	»	3 60	»
6° Eau-de-vie	2 litres	»	2 80	»	2 —	»	9 60	»

Total........ Fr. 50 40

C'est-à-dire plus de **5 0/0** du salaire.

CHAPITRE IV.

Assiette et Recouvrement

Dans notre système, le mode d'assiette et de recouvrement reste ce qu'il est ; point d'augmentation de personnel, point de frais nouveaux.

En effet, nous laissons dans les attributions des contrôleurs et des percepteurs des contributions directes, l'assiette et le recouvrement des :

1° Contributions Foncière et portes et fenêtres, en un seul rôle.

2° Contributions Mobilière et des patentes, en un seul rôle.

3° Taxes somptuaires (domestiques, chevaux, voitures et chiens), également en un seul rôle.

Des taxes sur les valeurs mobilières :

1° Les unes, celles qui frappent les valeurs que nous avons appelées ostensibles, seraient perçues par les agents, quels qu'ils soient, chargés de leur paiement.

2° Les autres, celles qui atteignent les créances chirographaires, seraient payables tous les trois mois, sur la présentation des titres entre les mains des receveurs de l'enregistrement, et mention y serait faite du paiement de la taxe.

320